WORSHIPTHEKING **WTK** WORSHIP ALWAYS.

PLAY AND SING
5 CHORD
WORSHIP
SONGS

G ////   D ////
What a beautiful Name it is
     Em //   D //   C ////
The Name of Jesus Christ my King

G   **C**   **D**   **Em**   **Am**

Song List (Alphabetical Order)

Here is a list of the awesome songs in this book you can play 5 simple chords!

1. 10,000 Reasons
2. Amazing Grace (Tomlin)
3. Because He Lives
4. Build My Life
5. Christ Is Enough
6. Cornerstone
7. Death Was Arrested
8. Do it Again
9. Found in You
10. Glorious Day
11. Good Good Father
12. Holy Spirit
13. King of My Heart
14. Lion and the Lamb
15. Lord I Need You
16. Living Hope
17. Nobody Loves Me Like You
18. No Longer Slaves
19. O Come to the Altar
20. Raise a Hallelujah
21. Reckless Love
22. Strong God
23. The Blessing
24. This is Amazing Grace
25. Tremble
26. Way Maker
27. What a Beautiful Name
28. Who You Say I Am

Bonus Songs / Eric Michael Roberts / WTK
1. All Because of You
2. You Are Good
3. I Saw New
4. One and Only
5. Sing it Out
6. The Name That Saves
7. At Your Feet

To listen to and learn the new worship songs from WTK
Go to www.worshiptheking.com/playandsing

How this Book is Written

Each song chart includes lyrics, chords, and slash marks. These are charts are very easy to read and will help you sing and play your favorite songs. This type of simple chord chart is used by many church bands every week. The simple format is preferred over traditional sheet music for many reasons. It is easy to arrange the songs on one page, so you don't have to turn pages. It is easy to follow when leading worship because it gives you a guide for the chords and lyrics without all of the extra notation. Lastly, they have rhythm slash marks to help you stay on rhythm and help you know exactly when to switch to the next chord.

The melody line is missing so you have to know the basic tune of the song to be able to play it successfully. I have simple videos on my YouTube channel to help you sing and play along with many of the songs in this book and the Play and Sing songbook series! If you need help learning to play from these charts, visit my web site for tutorials and online courses to help you learn this style of playing. Find links to the videos that are currently available at http://www.worshiptheking.com/playandsing

Amazing Grace (My Chains Are Gone)

```
     G / / / /          C / /    G / /    G / / / /            D / / / /
A-mazing Grace how sweet the sound that saved a wretch like me
G / /      G / /   C / /    G / /
I once was lost but   now I am found
     G / /     D / / G / / / /
Was blind but now I see    (Chorus)


      G / / / /            C / /   G / /   G / / / /           D / / / /
'Twas Grace that taught my heart to fear and grace my fears relieved
     G / /     G / /   C / /     G / /
How precious did that Grace appear
     G / /   D / /   G / / / /
The hour I first believed.
```

Book Description

You have found the easiest simple chord songbook for guitar and piano on the planet! Unlike traditional songbooks, this book includes simple rhythm slash marks to help you follow along and change chords easily in the right place. The great news is that you don't have to be able to read music to successful play these songs easily and you never have to turn a page to play the full song! This book contains NO LEAD LINES on the musical staff. You can simply strum along and sing your favorite song. This songbook is perfect for performing or playing your favorite songs with simple chords with easy-to-follow rhythms.

I spent many years searching for the best chord charts while preparing for weekly worship services, but I became frustrated with because most charts published seem inaccurate to the real-life song (the way that the artist would actually play the song on stage). Also, many charts include unnecessary chords that get in the way and make it hard for most musicians to actually sound good playing the song. That is why I have written these simple, accurate, and easy-to-play charts. Using my charts, you can play these great songs with 4 simple modern chord shapes on guitar or piano. My simple one-page charts will help you play with ease and help you put more focus on what really matters… worshiping God!

With this book, you can Strum and Play along on guitar or piano with my YouTube videos for every song at www.worshiptheking.com/playandsing

All picked from the Top CCLI reports from worship teams across the country.

Every song is in the key of G to make it extremely easy to learn and play

Easy slash marks so you know exactly when to switch chords.

Introduction

I spent many years searching for the best chord charts while preparing for weekly worship services, but I became frustrated with most charts because most charts published seem inaccurate to the real-life song (the way that the artist would actually play the song on stage). Also, many charts include unnecessary chords that get in the way and make it hard for most musicians to actually sound good playing the song. That is why I have written these simple, accurate, and easy-to-play charts. Using my charts, you can play these great songs with 4 simple modern chord shapes on guitar or piano. My simple one-page charts will help you play with ease and help you put more focus on what really matters… worshiping God!

5-Stars!

Your Amazon review is so important to me! When you leave a review it helps the WTK ministry immensely especially when it is a 5-star rating! If you enjoy this songbook, please take a moment to leave an Amazon review.

It's never too late.

There was a time in my life when everything seemed hopeless. I dare not forget that I was terribly lost and heading down the completely wrong path. In fact, my first studio recording was titled "Lost" and the first track on the tape was called *Past the Point of No Return*. But on November 3, 1994, at the age of 17, my best friend led me to accept Jesus as my personal savior. Shortly after that, I quit my rock band and began leading worship for the youth services at the church down the street from my house. I was mentored by a worship team member and grew as a guitar player and a worship leader. Now, after serving several local churches as the full-time worship leader, I am using my talents to teach, train and encourage other worship leaders and Christian musicians. Music is a lifetime love for me, and I hope that it will become that for you as you use the songs in this book. To God be the glory,

Eric Michael Roberts

Psalm 40:3
I waited patiently for the Lord; He turned to me and heard my cry. He lifted me out of the slimy pit, out of the mud and mire; he set my feet on a rock and gave me a firm place to stand. He put a new song in my mouth, a hymn of praise to our God. Many will see and fear and put their trust in the Lord.

Play and Sing Videos for Guitar and Piano

I have a ton of videos on YouTube and on my WorshiptheKing.com blog. I have made simple videos for guitar and piano for many of the songs in this book and I continue to publish more every week! If you are just starting out this will make it extremely easy for you to start playing these songs. When you are ready to go deeper you check out the courses and membership options at worshiptheking.com

www.worshiptheking.com/playandsing

Subscribe to the YouTube channel today so you don't miss anything!

www.youtube.com/worshipbandbuilder

Really important stuff about this songbook:

Simplified for you!
First, these charts are all simplified to be played with just 4-5 simple chords. I did my best to make the song sound as awesome as possible but never use more than these 4 chords in a single song.

In most cases, I omitted the slash chords or suspensions in the charts in this songbook. You can learn more about slash chords and inversions in my online courses at worshiptheking.com

Singing and using the capo
When a capo marking is found under the title it will let you know where to put the capo to play along with the original Chris Tomlin recording.

Chris Tomlin usually sings in a high key that can be hard for some people to reach. You can move the capo around to find a place where you feel comfortable singing the song or you can leave the capo off.

Reading the rhythm marks:

Each slash mark gets one beat or strum. In the rare case where a chord gets just one strum down, I do not add a slash for that one beat.

For example:

The G chord will get three counts and the D will get one count. The C will get 4 counts.

```
  1 2 3  4        1 2 3 4
G /  /  /  D     C /  /  /  /
```


In this example, the G will get two counts and the C will get two counts.

```
  1 2      1 2
G /  /   C /  /
```

Reading Guitar Chord Charts

This is the most popular form of notating chord shapes. You will be reading many chord charts in this book. There are different ways to write the symbols used in chord charts. Once you understand how it works, you will be able to relate to the way different publishers use chord chart symbols.

The Basics:

The vertical lines = your guitar strings
The horizontal lines = your frets
The dots on the chart = your finger placement
The numbers under the chart = your finger numbers. (Follow these closely)

The symbols above the chart tell you what strings to play.

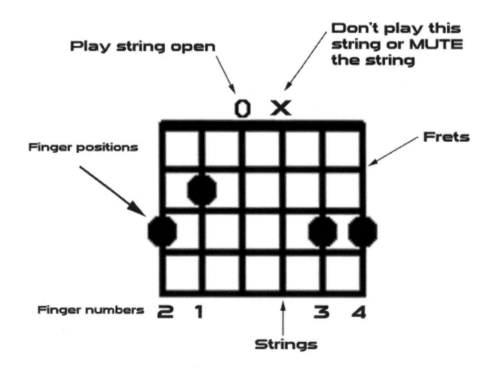

WTK MODERN CHORD CHARTS

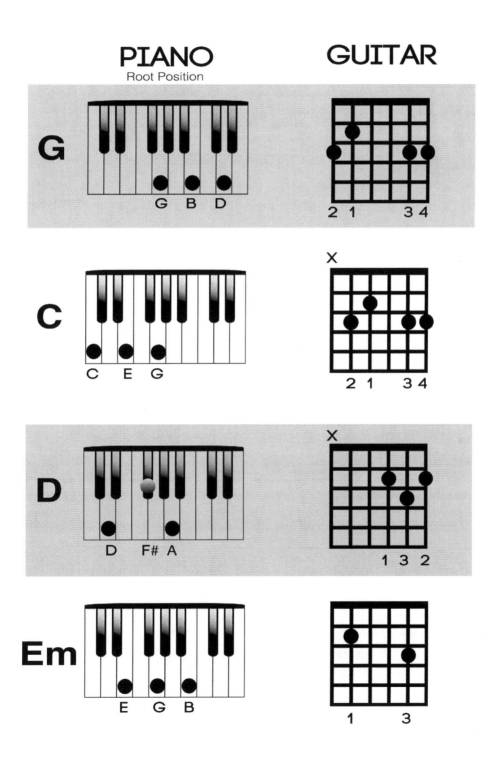

A minor chord

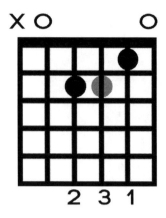
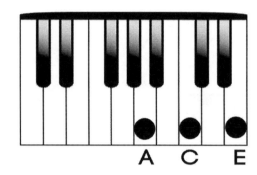

Beyond the basic 4 chords, some of the songs in this book use the A minor chord.

OTHER CHORDS

The following three chords are easy to play, sound amazing, and can be used in some of the songs. The song, **At Your Feet** toward the end of the book has three of these chords (Bm, Asus4, D/F#) to help you learn and stretch your chord vocabulary. Some songs you may see the G/B or D/F# in the chart. If you are not comfortable with these chords, simple play the standard chord. You can learn more about slash chords in my online courses.

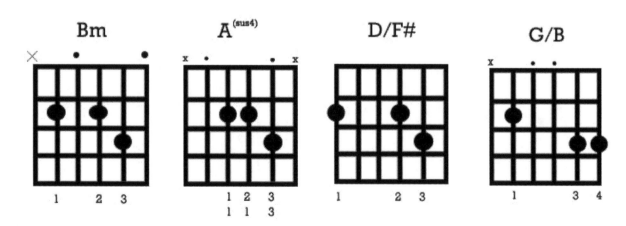

Piano Spelling   Bm = B D F#   Asus4 = A D E   D/F# = F# A D   G/B = B D G

PIANO INVERSIONS

G Major - Notes G B D

C Major - Notes C E G

D Major - Notes D F# A

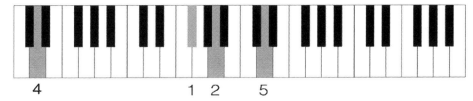

E Minor - Notes E G B

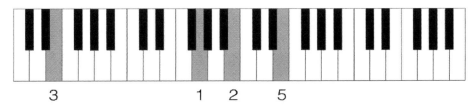

Why Inversions?

These inversion charts make is easier to switch between chords without moving your hands all over the place on the keyboard.   They are the same notes of the chord arranged in a different order…. Do you want to learn more about music theory and piano? **Check out my courses at www.worshiptheking.com**

10,000 REASONS
(Bless The Lord)

Main Song Pattern:
Verse: C // G // D // Em //

Chorus

Verse 1:
C //   G //   D //   Em //
The sun comes up, it's a new day dawning;
C //   G //   D //   Em //
It's time to sing Your song again.
C //   G //   D //   Em ////
Whatever may pass, and whatever lies before me,
C //   G //   D //   G //// ////
Let me be singing when the evening comes.

Chorus

Verse 2:
C //   G //   D //   Em //
You're rich in love, and You're slow to anger.
C //   G //   D //   Em //
Your name is great, and Your heart is kind.
C //   G //   D //   Em ////
For all Your goodness, I will keep on singing;
C //   G //   D //   G //// ////
Ten thousand reasons for my heart to find.

Verse 3:
C //   G //   D //   Em //
And on that day when my strength is failing,
C //   G //   D //   Em //
The end draws near, and my time has come;
C // G //   D //   Em ////
Still my soul will sing Your praise unending:
C //   G //   D //   G //// ////
Ten thousand years and then forevermore!

Chorus:
(G)   C //   G //   D // Em //
Bless the Lord, O my soul, O my soul,
C //   G // D ////
Worship His holy name.
       C // G //   C // Em //
Sing like never before, O my soul.
   C //   D // G //// (Tag Em)
I'll worship Your holy name.

AMAZING GRACE (MY CHAINS ARE GONE)

```
   D ////          G //   D//   ////                A////
A-mazing Grace how sweet the sound that saved a wretch like me
D //       D/F# //  G //    D //
I once was lost but     now I am found
D //    A //  D ////
Was blind but now I see    (Chorus)


   D ////              G //  D//    ////          A////
'Twas Grace that taught my heart to fear And grace my fears relieved
   D //   D/F# //  G //    D //
How precious did that Grace appear
   D //   A //   D ////
The hour I first believed.
```

Chorus:
```
          G ////            D/F# ////
My Chains are gone I've been set free
          G/B ////          D ///
My God my Savior has ransomed me
   D/F#  G ////          D ////
And like a flood His mercy reigns
        Em //   Asus //   D ////
Unending love,      Amazing Grace
```

CCLI Song # 4768151 Chris Tomlin | John Newton | Louie Giglio © 2006 sixsteps Music (Admin. by Capitol CMG Publishing) Vamos Publishing (Admin. by Capitol CMG Publishing) worshiptogether.com songs (Admin. by Capitol CMG Publishing)   Used by Permission Chart by WorshiptheKing.com Copyright 2020

```
   D ////          G //  D//   ////          A////
The Lord has promised good to me His word my hope secures
   D //   D/F# //   G //   D //
He will my  shield and portion be
   D //   A //   D ////
As long as life endures
```

Chorus(2x)

```
   D ////         G //    D//    ////      A////
The earth shall soon dissolve like snow The sun forbear to shine
   D //    D/F# //   G //   D //
But God who called me here below
   D //   A //  D ////      D //   A //  D ////
Will be for-ever mine.     Will be for-ever mine.
   D //   A //  D ////
You are Forever mine
```

BECAUSE HE LIVES

Matt Maher

Em // C // G ////   Em // C // G ////

Verse 1

   Em //   C // G ////   Em //   C // G ////
I believe in the son   I believe in the risen one
   Em // C // G ////   C //   Em // D ////
I believe I overcome   By the power of His blood

Chorus

  C ///   D Em ///   D   G   D   G   Em   D ////
A men   a – men   I'm a - live I'm a - live be - cause He lives
  C ///   D Em ///   D   G   D   G   Em   D ////
Amen   a - men   Let my song join the one that never ends
   Em // C // G ////   Em // C // G ////
Because He lives

Verse 2

   Em //   C // G ////   Em //   C // G ////
I was dead in the grave   I was covered in sin and shame
   Em //   C // G ////   C //   Em // D ////
I heard mercy call my name   He rolled the stone a - way

Bridge:

     G // C //   D ////
Because He lives I can face to - morrow
     G // C //   D ////
Because He lives every fear is gone
  G //   C //   Em // D //   C ////   ////
I know He holds my life my future in His hands

CCLI Song # 7027887 Chris Tomlin | Daniel Carson | Ed Cash | Gloria Gaither | Jason Ingram | Matt Maher | William J. Gaither © 2014 Alletrop Music (Admin. by Capitol CMG Publishing) Used by Permission Play and Sing Chart by WorshiptheKing.com Copyright 2020

BUILD MY LIFE

Intro: G //// C ////   G ////   C ////

G ////   C ////
   Worthy of every song we could ever sing
G ////   C ////
   Worthy of all the praise we could ever bring
G ////   C ////
   Worthy of every breath we could ever breathe
        G ////   C ////
  We live for You

Verse 2:
G ////   C ////
   Jesus a name above every other name
G ////   C ////
   Jesus the only one that could ever save
G ////   C ////
   Worthy of every breathe we could ever breathe
        G ////   C ////
  We live for You, we live for You

Chorus:
C ////   **Am ////**   **G ////**
Holy there is no one like You There is none beside You
        Em ////
Open up my eyes in wonder
C ////   **Am ////**
Show me who You are and fill me with Your heart
  G ////   **Em ////**
And lead me in Your love to those around me

Instrumental to Bridge: C ////   D ////   Em ////   G ////

Bridge:
C ////   D ////   Em ////   G ////
I will build my life, upon Your love It is a firm foundation

C ////   D ////   Em ////   G ////
I will put my trust, in You oh Lord and I will not be shaken

©2016 Housefires Sounds Written by: Brett Younker, Karl Martin, Kirby Elizabeth Kaple, Matt Redman, Pat Barrett CCLI Song No: 7070345 Used by Permission Play and Sing Chart by WorshiptheKing.com Copyright 2020

CHRIST IS ENOUGH

Verse 1:
Em / / / /   C / / / /   G / / / /   D / / / /
Christ is my reward   and all of my devotion
          Em / / / /   C / / / /   G / / / /   D / / / /
Now there's nothing in this world   that could ever satisfy
          C / /   D / /   Em / /
Through every trial,   my soul will sing
   D / /   C / /   Em / /   D / / / /
No turning back,   I've been set free

Chorus:
G / / / /   / / / /   Em / / / / Em / / / /
Christ is enough for me, Christ is enough for me
C / / / /   D / / / /   C / / / /   D / / / /   G – to bridge
   Everything I need is in You,   everything I need

Verse 2:
Em / / / /   C / / / /   G / / / /   D / / / /
Christ my all in all, my joy and my salvation
          Em / / / /   C / / / /   G / / / /   D / / / /
And this hope will never fail, Heaven is our home
          C / /   D / /   Em / /
Through every storm, my soul will sing
   D / /   C / / / /   Em / /   D / /
Je - sus is   here, to God be the glo - - - - ry

Bridge:

      G / / / /   / / / /   C / / Em / /   D / / / /
I have decided to follow Jesus, no turning back,   no turning back
      G / / / /   / / / /   C / /   D / / G / / / /
I have decided to follow Jesus, no turning back, no turning back
          Em / / C / /   D / / Em / /   C / / Em / /   D / / / /
The cross before me, the world behind me, no turning back,   no turning back
          Em / / C / /   D / / Em / /   C / /   D / / G / / / /
The cross before me, the world behind me, no turning back, no turning back

(Chorus 2x) (Bridge)

©2012 Hillsong Music Publishing (Admin. by EMI Christian Music Publishing)
written by: Jonas Myrin, Reuben Morgan CCLI Song No: 6514035 Used by Permission Play and Sing
Chart by WorshiptheKing.com Copyright 2020

CORNERSTONE

Psalm 118:21-23, Isaiah 28:16, Matthew 21:41-43

Intro:
G / / / /   Em / / / /   C / / / /   D / / / /

Verse 1:
G / / / /
My hope is built on nothing less
C / /   D / /
Than Jesus' blood and righteousness
Em / /   Em/D / /
I dare not trust the sweetest frame
C   D   G / / /
But wholly trust in Jesus' name

Chorus:
G   C   Em   D
Christ alone, Cornerstone
G/B   C   Em   D
Weak made strong in the Savior's love
G   C   Em   D / /   G
Through the storm He is Lord, Lord of all

Verse 2:
G / / / /
When darkness seems to hide His face
C / /   D / /
I rest on His unchanging grace
Em / /   Em/D / /
In every high and stormy gale
C   D   G / /
My anchor holds within the veil
C   D   G / / /
My anchor holds within the veil

Bridge:
      Em / / / /   C / /   D
He is Lord, Lord of all

Verse 3:
G / / / /
When he shall come with trumpet sound
C / /   D / /
Oh may I then in Him be found
Em / /   Em/D / /
Dressed in His righteousness alone
C   D   G / / / /
Faultless, stand before the throne

©2011 Hillsong Music Publishing
written by: Reuben Morgan,
Edward Mote, Jonas Myrin, Eric
Liljero CCLI Song No: 6158927
Used by Permission Play and Sing
Chart by WorshiptheKing.com
Copyright 2020

DEATH WAS ARRESTED

G /// ///   C ///   G /// ///   /// ///
Alone in my sorrow and dead in my sin
Em /// ///   D ///   G /// ///   /// ///
Lost without hope with no place to begin
    G /// ///   C ///   G /// /// /// ///
Your love Made a way to let mercy come in
   Em /// ///   D ///   G /// /// /// ///
When death was arrested, and my life began

G /// ///   C ///   G /// /// /// ///
Ash was redeemed only beauty remains
Em /// ///   D ///   G /// /// /// ///
My orphan heart was given a name
   G /// ///   C ///   G /// /// /// ///
My mourning grew quiet my feet rose to dance
   Em /// ///   D ///   G /// /// /// ///
When death was arrested, and my life began

      C /// ///   G /// ///   Em /// /// D /// ///   C /// ///
Oh your grace so free washes over   me   You have made me new
    G /// ///   D /// /// D /// ///
Now life begins with you
     C /// ///   G /// ///   Em /// /// D /// ///   C /// ///
It's your endless love Pouring down on us You have made us new
    G /// ///   D /// /// D /// ///
Now life begins with you

G /// ///   C ///   G /// ///   /// ///
Released from my chains I'm a prisoner no more
   Em /// ///   D ///   C /// ///   /// ///
My shame was a ransom he faithfully bore
G /// ///   C ///   G /// ///   /// ///
He cancelled my debt and he called me his friend
   Em /// ///   D ///   G /// ///   /// ///
When death was arrested and my life began

G*   C*   G*
Our savior displayed on a criminal's cross
C*   D*   Em*
Darkness rejoiced as though heaven had lost
    G /// ///   C ///   G /// ///   /// ///
But then Jesus arose with our freedom in hand
     G /// ///   D ///   G /// ///   /// ///
That's when death was arrested and my life began

Bridge
     G /// ///
Oh we're free free
  C ///   G ///
Forever we're free
Em ///   ///
Come join the song
  D ///   G ///
Of all the redeemed
     G /// ///
Yes we're free free
  C ///   G ///
Forever amen
     Em ///   ///
When death was arrested
    D ///   G ///
and my life began
     Em ///   ///
When death was arrested
    D ///   G ///
and my life began

CCLI Song # 7046448 Adam Kersh | Brandon Coker | Heath Balltzglier | Paul Taylor Smith © 2015
Seems Like Music (Admin. by BMG Rights Management [c/o Music Services, Inc.]) Used by Permission
Play and Sing Chart by WorshiptheKing.com Copyright 2020

DO IT AGAIN

V CH V CH BR-INSTI BRIDGE CH CH
Intro: C / / / /   C / / / /   G / / / /   G / / / /

C / / / /   / / / /   G/B / / / /   / / / /
  Walking around these walls   I thought by now they'd fall
C / / / /   / / / /   G / / / /   / / / /
  But you have never failed me yet
C / / / /   / / / /   G/B / / / /   / / / /
  Waiting for change to come   Knowing the battle's won
C / / / /   / / / /   G / / / /   / / / /
  For you have never failed me yet

Chorus:
C / / / /   D / / / /   G / / / /   C / / / /
  Your promise still stands   Great is your faithfulness, faithfulness
C / / / /   D / / / /   G / / / /   C / / / /   (C hold)
  I'm still in your hands   this is my confidence, you've never failed me yet

Verse 2:
C / / / /   / / / /   G/B / / / /   / / / /
  I know the night won't last   Your word will come to pass
C / / / /   / / / /   G / / / /   / / / /
  My heart will sing your praise again
C / / / /   / / / /   G/B / / / /   / / / /
  Jesus You're still enough   Keep me within your love
C / / / /   / / / /   G / / / /   / / / /
  My heart will sing your praise again

Bridge (3x):
C / / / /   C / / / /
  I've seen you move,   you move the mountains
G / / / /   G / / / /
And I believe,   I'll see you do it again
C / / / /   C / / / /
You made a way   when there was no way
G / / / /   G / / / /
And I believe,   I'll see you do it again

©2015 Music by Elevation
Worship Publishing
Written by: Pastor Steven
Furtick, Matt Redman, Chris
Brown, Mack Brock
CCLI Song No: 7067555
Used by Permission Play and
Sing Chart by
WorshiptheKing.com Copyright
2020

Advanced Bridge Chords

G/B	C	C		G/B	C	C		D/F#	G	G		D/F#	G	G
+4	+	1 2 3	+4.	+	1			+4	+	1 2 3	+4.	+	1	

FOUND IN YOU

I V CH I V2 CH I BR CH CH

Intro:
C //// G //// Em //// D ////
Ohhh……………………..

Verse 1:
                  C //// Em ////   D //// D ////
We're reaching out to welcome You, God
        C //// Em ////   D //// D ////
Fill this place again with Your song
          C ////   Em ////   D //// D ////
Flood our thoughts with wonder and awe
          C ////   Em ////   D //// D ////
Give us a greater glimpse of a never changing God

Chorus:
G ////   C ////   Em ////   D ////
All we want and all we need is found in You, found in You
G ////   C ////   Em ////   D ////
Jesus, ev'ry victory is found in You, found in You.
C //// G //// Em //// D ////
Oh…………………………..   (repeat)

Verse 2:
      C ////   Em ////   D //// D ////
Open wide our hearts now to Yours
       C ////   Em ////   D //// D ////
Every fear bow down to Your love
          C //// Em //// D //// D ////
That we would see like never before
        C ////   Em ////   D //// D ////
Give us a greater glimpse of a never changing God

Bridge:
      C ////   Em ////   D //// D ////
And in Your presence, there is freedom
C ////   Em ////   D //// D ////
In Your presence we are made whole   (repeat)

GLORIOUS DAY

```
     G////     ////          ////  /////          Em////     ////     ////        ////
I was buried beneath my shame   Who could carry that kind of weight?
        C////  ////         G////  ////    G////              ////     ////   ////
It was my tomb       'Til I met You;    I was breathing, but not alive
      Em////    ////      ////  ////              C////  ////          G////  ////
All my failures I tried to hide      It was my tomb      'Til I met You
            C////       OFF          G////    ////
You called my name and I ran out of that grave
```

Chorus:
```
              C////           ////             G////    ////
    Out of the darkness into Your glorious day
                 C////        ////              Em////   ////
    You called my name and I ran out of that grave
           C////       HOLD          G////   ////
    Out of the darkness into Your glorious day
```

```
     G////          ////        ////   ////            Em////       ////  ////    ////
Now Your mercy has saved my soul      Now Your freedom is all I know
       C////    ////                       G////      ////
The old made new              Jesus, when I met You
         C-HOLD                      G////    ////
You called my name      and I ran out of that grave
```

CHORUS

Bridge:
```
G ////           G////            G////                    G////
I needed rescue,  my sin was heavy   but chains break at the weight of Your glory
G////          G////           G////           G////
I needed shelter, I was an orphan  now You call me a citizen of heaven
G////            G////                  G////            G////
   Now I was broken,  You were my healing   now Your love is the air that I'm breathing
Em////             D////
   I have a future,     my eyes are open
D////                        C////            OFF          G////    //// (to chorus)
   Cause when You called my name       I ran out of that grave
```

©Fellow Ships Music (Admin. by Essential Music Publishing LLC) Hickory Bill Doc (Admin. by Essential Music Publishing LLC) So Essential Tunes Written by: Kristian Stanfill, Jonathan Smith, Jason Ingram, Sean Curran CCLI Song No: 7081388 Used by Permission Play and Sing Chart by WorshiptheKing.com Copyright 2020

GOOD GOOD FATHER

Capo 2 to play with the album Good Good Father

I V CH V2 CH B V3 CH2X

6/8
Each slash sets 3 eighth notes

Intro:
G / / / / (2x)

Verse 1:
G / /   /   /   / / /   /
I've heard a thousand stories of what they think You're like
   G / /   /   /   / / /   /
But I've heard the tender whisper of love in the dead of night
   C / /   G / /   Am / /   D / / / /
You tell me that Your pleased and that I'm never alone

Chorus: C   C
You're a good, good Father It's who You are,
G   G   Am   Am   D   D
** it's who You are,   it's who You are and I'm loved by**
C   C   G   G   Am Am   D D D
You It's who I am,   it's who I am,   it's who I am

To make this easy to read, in the Chorus, each Chord gets three eight notes.

Verse 2:
G / /   /   /   / / /   /
I've seen many searching for answers far and wide
  G / /   /   /   / /   / /
But I know we're all searching for answers only You provide
        C / /   G / /   Am / /   D / /
Because You know just what we need before we say a word

Chorus – Bridge

Verse 3:
G / / /   /   / /   /   /
Love so undeniable I, I can hardly speak
G /   / /   /   / /   /   /
Peace so unexplainable I, I can hardly think
     C / /   G / /
As You call me deeper still
       Am / / G / /
As You call me deeper still
     C / /   G / /
As You call me deeper still
     Am / /   D / /
Into love, love, love

Bridge:
       C / /   Em / /
You are perfect in all of Your ways
        Am / /   G / /
You are perfect in all of Your ways
       C / /   Em / / D / / / /
You are perfect in all of Your ways to us
(repeat)

HOLY SPIRIT

Jesus Culture

Intro:
D / / / / / / / / G / / / / / / / /

Verse 1:
D / / / /   / / / /   G / / / /
There's nothing worth more, that will ever come close
                 / / / /   D / / / /
No thing can compare, You're our living hope
/ / / /   G / / / /   / / / /
Your Presence

Verse 2:
D / / / /   / / / /   G / / / /
I've tasted and seen, of the sweetest of Loves
                 / / / /   D / / / /
Where my heart becomes free, and my shame is undone
 / / / /   G / / / /   / / / /
In Your Presence Lord

Chorus:
D / / / /   / / / /
Holy Spirit You are welcome here
     G / / / /   Em / / / /
Come flood this place and fill the atmosphere
    D / / / /   / / / /
Your Glory God is what our hearts long for
    G / / / /   Em / / / /
To be overcome by Your Presence Lord

Bridge (Version 1):
D / / / /   / / / /
Let us become more aware of Your Presence
D / / / /   / / / /
Let us experience the Glory of Your Goodness

Bridge (Version 2):
G / /   D/F# / /   Em / /   D/F# / /
Let us become more aware of Your Presence
G / /   D/F# / /   Em / /   D/F# / /
Let us experience the Glory of Your Goodness

CCLI Song # 6087919 Bryan
Torwalt | Katie Torwalt © 2011
Capitol CMG Genesis (Admin.
by Capitol CMG Publishing)
Jesus Culture Music (Admin. by
Capitol CMG Publishing) Used
by Permission Play and Sing
Chart by WorshiptheKing.com
Copyright 2020

KING OF MY HEART

Intro: Em   D   C   G   (x2)

```
        G                   C           G
Let the King of my heart  be the mountain where I run
      Em          D       C    G
The fountain I drink from  Oh, He is my song.
        G                   C           G
Let the King of my heart  Be the shadow where I hide
      Em          D       C    G
The ransom for my life   Oh, He is my song.
```

```
      Em   G  C  G
You are good, good, oh      x4
```

Verso 2:
```
        G                   C           G
Let the King of my heart  be the wind inside my sails
      Em          D       C    G
The anchor in the waves  Oh, He is my song.
        G                   C           G
Let the King of my heart be the fire inside my veins
      Em          D       C    G
The echo of my days  Oh, He is my song.
```

Bridge 1:
```
G
   You're never gonna let, never gonna let me down
Em
   You're never gonna let, never gonna let me down   x2
G              C           G
   You're never gonna let, never gonna let me down
Em   G         C           G
   You're never gonna let, never gonna let me down   x2
```

LION AND THE LAMB

I V CH I V CH BR-INST BR CH I

INTRO   G / / / /   G / / Am / /   C / / / /   C / / / /

Verse 1
G / / / /   G / /   Am / /   C / / / / / / / /
He's coming on the clouds   kings and kingdoms will bow down
 Em / / / /   Em / /   D / /   C / / / /
Every chain will break as broken hearts declare His praise
                          D / / / /
Who can stop the Lord Almighty?

 G / / / /   G / /   D / /   Em / /
  Our God is a Lion   the Lion of Judah
     Em / / / /   D / /   C / / / /
He's roaring in power   and fighting our battles
                    D / / / /
And every knee will bow before Him
G / / / /   G / /   D / /   Em / /
  Our God is a Lamb   the Lamb that was slain
     Em / / / /   D / /   C / / / /
For the sins of the world   His blood breaks the chains
                          D / / / /   C / / / /
And every knee will bow before the Lion and the Lamb
              D / / / /
Every knee will bow before Him *First ending to Intro / Second ending to Bridge Instrumental*

          G / / / /   G / /   Am / /   C / / / / / / / /
VERSE 2 Open up the gate   make way before the King of Kings
     Em / / / /   Em / /   D / /   C / / / /
The God who comes to save   is here to set the captives free
                          D / / / /
For who can stop the Lord Almighty

BRIDGE
Am / / / /   G/B / / / /
Who can stop the Lord Almighty
C / / / /   D / / / /
Who can stop the Lord Almighty (repeat 3x)
Am / / / /   G/B / / / /
Who can stop the Lord Almighty
C / / / /   D / / / /
Who can stop the Lord (to Chorus)

Bridge Instrumental
Am / / / /   G/B / / / /   C / / / /   D / / / /

LORD, I NEED YOU

Matt Maher

Hebrews 4:16

Capo 4 (key of B)

Intro:
G / / / C2 (2x)

Verse 1:
     G / / /   C2 G / / /
Lord, I come,   I confess
D/F#   Em7 / / / /   Dsus / /   C2 / /
Bowing here,   I find my rest
     G / / /   C2 G / / / /
Without You,   I fall apart
       Dsus / / D / /   C2 / / / / / / / /
You're the One,   that guides my heart

Chorus

Verse 2:
        G / / /   C2   G / / /
Where sin runs deep Your grace is more
     D/F#   Em7 / / / Dsus   C2 / / / /
Where grace is found is where You are
        G / / /   C2 G / / / /
And where You are, Lord, I am free
  Dsus / / D / /   G / / /   C2 / / / /
Holiness is Christ in me

Chorus

Bridge:
C   G/B   Dsus   Em7 / / / /
Teach my song to rise to You
G/B / / /   C2 / / / /
When temptation comes my way
       C   G/B   Dsus   Em7 / / / /
And when I cannot stand I'll fall on You
C2 / /   Dsus   G / / / / / / / /
Jesus, You're my hope and stay

Chorus:
     G / /   C / / G / / D/F# / /
Lord, I need You, Oh, I need You
Em7 / / C / /   G / / D / /
Every hour I need You
  G/B / / C / /   G/D / /   C/E / /
My one defense, my righteousness
  G/D / /   D / / G / / / /   C / / / /
Oh God, how I need You

LIVING HOPE

```
        G ////          D ////
How great the chasm that lay between us
        C //   Em //        D ////
How high the mountain   I could not climb
        G ////          D ////
In desperation I turned to heaven
              C //   D //  G ////
And spoke your name into the night
              C ////              G ////
Then through the darkness your loving kindness
              Em ////          D ////
Tore through the shadows of my soul
        G ////              D ////
The work is finished the end is written
        C //     D //  G ////
Jesus Christ my Living Hope
```

```
        G ////          D ////
Who could imagine so great a mercy
        C //   Em //          D ////
What heart could fathom   such boundless grace
        G ////                  D ////
The God of Ages stepped down from Glory
        C //   D //   G ////
To wear my sin and bear my shame
        G ////              D ////
The cross has spoken I am forgiven
        Em ////              D ////
The King of Kings calls me His own
        G ////              D ////
Beautiful Savior I'm yours forever
        C //     D //  G ////
Jesus Christ my Living Hope
```

```
              G ////
Then came the morning
        D ////
that sealed the promise
              C //   Em //    D ////
Your buried body      began to breathe
        G ////              D ////
Out of the silence the Roaring Lion
        C //        D //   G ////
Declared the grave has no claim on me
```

```
  C // G //        D //            Em //
**Hallelujah praise the One who set me free**
  C // G //        D //            Em //
**Hallelujah death has lost its grip on me**
        C ////        G ////        D ////        Em ////
**You have broken every chain there's salvation in your Name**
        C //   D //  G ////
**Jesus Christ my Living Hope**
```

NOBODY LOVES ME LIKE YOU

CCLI Song # 7117604 Ed Cash I Scott Cash © Alletrop Music (Admin. by Capitol CMG Publishing) Capitol CMG Paragon (Admin. by Capitol CMG Publishing) S. D. G. Publishing (Admin. by Capitol CMG Publishing) Remaining portion is unaffiliated Used by Permission Play and Sing Chart by WorshiptheKing.com Copyright 2020

G/ / / /   C/ /   D/ /   G/ / / /
Morning, I see You in the sunrise every morning
    C/ /   D/ /   C/ / / /
It's like a picture that You've painted for me
D/ / / /   G/ / / /   C/ / D/ /
A love letter in the sky
G/ / / / C/ /   D/ /   G/ / / /
Story, I could've had a really different story
        C/ / / /   D/ /   C/ / / /
But You came down from heaven to restore me
D/ / / /   G/ / / /   C/ / D/ /
Forever saved my life

G/ / / /   C/ /   D/ / G/ / / /   C/ /   D/ /
** Nobody loves me like You love me, Jesus I stand in awe of Your amazing ways**
G/ / / /   C/ / D/ /   C/ / / /   (D)
** I worship You as long as I am breathing God, You are faithful and true**
D/ / / /   G/ / / /   C/ / D/ /
** Nobody loves me like You**

G/ / / /   C/ /   D/ /   G/ / / /
Mountains, You're breaking down the weight of all my mountains
C/ /   D/ /   C/ / / /
Even when it feels like I'm surrounded
D/ / / /   Em/ / / /   D / / / /
You never leave my side,   oh-ooh-oh-ooooh

Bridge
C/ / / /   D/ / / / Em/ / / /   Bm/ / / /
Oh, what a song to sing   Oh, what a song to sing
C/ / / /   D/ / / / Em/ / / /   Bm/ / / /
Oh, what a song to sing   Oh, what a song My heart keeps singing
C/ / / /   D/ / / / Em/ / / /   Bm/ / / /
Oh, what a song to sing   Oh, what a song to sing
C/ / / /   D/ / / /   C/ / / /   C/ / / /
Oh, what a song to sing   Jesus, You love me   And I love You, God

G/ / / /   C/ /   D/ / G/ / / /   C/ /   D/ /
** Nobody loves me like You love me, Jesus I stand in awe of Your amazing ways**
G/ / / /   C/ / D/ /   C/ / / /   (D)
** I worship You as long as I am breathing God, God I will worship you**
D/ / / /   G/ / / /   C/ / D/ /
** Forever worship you**

NO LONGER SLAVES

Em D G C

   G / / / /   Em / / / /   C / /   D / /   G / / / /
You unravel me, with a melody You surround me with a song
   G / / / /   Em / / / /   C / / D / /   G / / / /
Of deliverance, from my enemies   Till all my fears are gone

   C / /   **D / /**   **G / / / /**
I'm no longer a slave to fear
Em / / **D / /** **G / / / /**
I am a child of God
   C / /   **D / /**   **G / / / /**
I'm no longer a slave to fear
Em / / **D / /** **G / / / /**
I am a child of God

       G / / / /   Em / / / /
From my mothers womb You have chosen me
C / /   D / /   G / / / /
Love has called my name
       G / / / /   Em / / / /
I've been born again, into your family
   C / /   D / /   G / / / /
Your blood flows through my veins

Em / /   D / /   G / /   C / /
You split the sea, So I could walk right through it
Em / /   D / /   G / / / /
My fears were drowned in perfect love
Em / /   D / /   G / /   Em / /
You rescued me, So I could stand and sing
C / /   D / /   G / / / /
I am   child of God

O COME TO THE ALTAR

I V CH V 2 CH B2X CH V3

Intro: G /// /// C /// /// G /// /// C /// ///

Verse 1:
G /// /// C ///   ///   G /// ///
Are you hurting and broken within
     C /// ///   Em /// ///   C /// ///
Overwhelmed by the weight of your sin   Jesus is calling
G /// ///   C ///   ///   G /// ///
 Have you come to the end of yourself
        C /// ///   Em /// ///   C /// ///
Do you thirst for a drink from the well Jesus is calling

Chorus:
G /// ///   Am /// ///   Em /// ///   C /// ///   G /// ///
     O come to   the altar   the Father's arms are open wide
(G)   Am /// ///   Em /// ///   C /// ///   G /// ///
Forgiveness   was bought with   the precious blood of Jesus Christ

Intro: G /// /// C /// /// G /// /// C /// ///

Verse 2:
G /// ///   C ///   ///   G /// ///
    Leave behind your regrets and mistakes
     C /// ///   Em /// ///   C /// ///
Come today, there's no reason to wait   Jesus is calling
G /// ///   C ///   ///   G /// ///
    Bring your sorrows and trade them for joy
       C /// ///   Em /// ///   C /// ///   C /// ///
From the ashes a new life is born   Jesus is calling

Bridge:
          G /// ///   /// ///   Em /// ///   /// ///
Oh what a sav - ior, isn't He wonderful
          C /// ///   /// ///   G /// ///   /// ///
Sing hallelujah, Christ is risen
          G /// ///   /// ///   Em /// ///   /// ///
Bow down before   Him, for He is Lord of all
          C /// ///   /// ///   G /// ///   /// ///
Sing hallelujah, Christ is Risen   (repeat)

Verse 3 (ending)
G /// ///   C ///   ////   G /// ///
Bear your cross as you wait for the crown
          C /// ///   G /// ///
Tell the world of the treasure you found

Instrumental:
G - Am7 - Em7 - C   G - Am7 - Em7 - C - G

RAISE A HALLELUJAH

```
  G ////        ////      C ////            C ////
I raise a Hallelujah       in the presence of my enemies
  Em ////      Em ////     D ////              D ////
I raise a Hallelujah           louder than the unbelief
  G ////        ////      C ////            C ////
I raise a Hallelujah,       my weapon is a melody
  Em ////      Em ////     D ////              D ////
I raise a Hallelujah,           heaven comes to fight for me
```

```
C ////              G ///
I'm gonna sing in the middle of the storm
Em ////                       D ////
Louder and louder, you're gonna hear my praises roar
C ////              G ///
Up from the ashes, hope will arise
Em ////              D ////
Death is defeated, the King is alive
```

CCLI Song # 7119315 Jake
Stevens | Jonathan David Helser |
Melissa Helser | Molly Skaggs ©
2018 Bethel Music Publishing Used
by Permission Play and Sing Chart
by WorshiptheKing.com
Copyright 2020

```
  G ////        ////      C ////            C ////
I raise a Hallelujah with everything inside of me
  Em ////      Em ////     D ////              D ////
I raise a Hallelujah       I will watch the darkness flee
  G ////        Em ////     C ////            C ////
I raise a Hallelujah        in the middle of the mystery
  Em ////      Em ////     D ////              D ////
I raise a Hallelujah           fear you lost your hold on me
```

```
Bridge
G ////              ////        C ////            ////
Sing a little louder (Sing a little louder)  Sing a little louder (Sing a little louder)
Em ////             ////        D ////            ////
Sing a little louder (Sing a little louder)  Sing a little louder (Sing a little louder)
G ////              ////
Sing a little louder (in the presence of my enemies)
C ////              ////
Sing a little louder (louder than the unbelief)
Em ////             ////
Sing a little louder (my weapon is a melody)
D ////              ////
Sing a little louder (heaven comes to fight for me)
```

```
TAG
G //// ////        C //// /////       Em //// ////      C //// ////
I raise a Hallelujah  I raise a Hallelujah  I raise a Hallelujah  I raise a Hallelujah
```

RECKLESS LOVE

Bethel Music   6/8 (/ = 3bts)

Verse 1

Em /   /   D/   /   C/   /   /   /
Before I spoke a word You were singing over me

Em/   /   D/   /   C/   /   /   /
You have been so so good to me

Em/   /   D/   /   C/   /   /   /
Before I took a breath you breathed your life into me

Em/   /   D/   /   C/   /   /   /
You have been so so kind to me

CHORUS

       Em/   /   D/   /   C/   /   G/   /
Oh, the overwhelming Never-ending, reckless love of God oh it

 Em/   /   D/   /   C/   /   G/   /
chases me down fights till I'm found leaves the ninety-nine

         Em/   /   D/   /   C/   /   G/   /
Oh I couldn't earn it, I don't deserve it still You give yourself away oh the

Em/   /   D/   /   C/   /   G/   /
overwhelming never-ending, reckless love of God

Verse 2

Em/   /   D/ /   C/   /   /   /s
When I was your foe, still Your love fought for me

Em/   /   D/   /   C/   /   /   /
    You have been so so good to me

Em/   /   D/   /   C/   /   /   /
    When I felt no worth, You paid it all for me

Em/   /   D/   /   C/   /   /   /
    You have been so so Kind to me

Bridge

Em/   Em/   D/
There's no shadow you won't light up

D/   C/   C/   G/   G/
Mountain you won't climb up coming after me

Em/   Em/   D/
There's no wall you won't kick down

D/   C/   C/   G/   G/
Lie you won't tear down coming after me   oh the… (to chorus)

CCLI Song # 7089641Caleb Culver I Cory Asbury I Ran Jackson © 2017 Cory Asbury Publishing (Admin. by Bethel Music Publishing) Richmond Park Publishing (Admin. by Essential Music Publishing LLC) Watershed Worship Publishing (Admin. by Watershed Music Group) Bethel Music Publishing
Used by Permission Play and Sing Chart by WorshiptheKing.com Copyright 2020

STRONG GOD

I V CH V2 CH Bx2 CH

Intro:
Em //// C //// G //// D //// (x2)

Verse 1:
Em ////   C ////   G ////   D ////
Father to the fatherless defender of the weak
Em ////   C ////   G //// D ////
Freedom for the prisoner   we sing

Pre-Chorus:
Em ////   C ////   G ////   Bm ////
This is God in His holy place
Em ////   C ////   G ////   ////
This is God clothed in love and strength

Chorus:
G ////   ////   D ////
Sing out, lift your voice and cry out
D ////   Em ////   ////   C //// ////
Awesome is our strong God, mighty is our God
G ////   ////   D ////
Sing out, lift your hands and shout out
D ////   Em ////   ////   C //// ////
Awesome is our strong God, mighty is our God

Verse 2:
Em ////   C ////   G ////   D ////
With us in the wilderness Faithful to provide
Em ////   C ////   G //// D ////
Every breath and every step   we sing

Bridge:
Am ////   Em ////
  There is none higher, no
G ////   D/F# ////
  There is none greater, no
Am ////   Em ////   D //// ////
  There is none stronger than our God

THE BLESSING

VERSE
G / / / /   C / / / /   G/B / / / /   D / / /
    The Lord bless you and keep you   Make his face shine upon you
                     Em / / / /
And be gracious to you
                  C / / /   G/B D / /   G / / / /   Gsus / / /
    The Lord turn His face toward you and give you peace

Interlude
Em7 / / / / C / / / / G / / / / D / / / /

BRIDGE 1 (2down + 2 build)
        Em / / / /   C / / / /
May His favor be upon you and a thousand generations
       G / / / /   D / / / /
And your family and your children and their children and
their children

BRIDGE 2 (follow order as written)
        Em / / / /   C / / / /
May his presence go before you and behind you and beside you
   G / / / /   D / / / /
All around you and within you He is with you He is with you
       Em / / / /   C / / / /
In the morning in the evening In your coming and your going
      G / / / /   D / / / /
In your weeping and rejoicing He is for you He is for you

TAG
      Em / / / /   C / / / /
He is for you He is for you   He is for you He is for you
   G / / / /   D / / / /
He is for you He is for you   he is for you He is for you

CHORUS
Em / / / / C / / / /
A --------men
    G / / / /   D / / / /
Amen,   Amen
Em / / / / C / / / /
A --------men
    G / / / /   D / / / /
Amen,   Amen

SONG ORDER V V CH V CH Interlude BR1x4 BR2 Tag CH

Chris Brown | Cody Carnes | Kari Jobe | Steven Furtick © 2020 Capitol CMG Paragon (Admin. by Capitol CMG Publishing) Kari Jobe Carnes Music (Admin. by Capitol CMG Publishing) Worship Together Music (Admin. by Capitol CMG Publishing) Writer's Roof Publishing (Admin. by Capitol CMG Publishing) Music by Elevation Worship Publishing (Admin. by Essential Music Publishing LLC) Used by Permission Play and Sing Chart by WorshiptheKing.com Copyright 2020

THIS IS AMAZING GRACE

Phil Wickham

Intro: G / / / / / / / / C / / / / / / / / (2x)

Verse 1:

G / / / /   / / / /
Who breaks the power of sin and darkness
C / / / /   / / / /
Whose love is mighty and so much stronger
Em / / / /   D / / / /   C / / / / / / / /
The King of Glory, the King above all kings
G / / / /   / / / /
Who shakes the whole earth with holy thunder
C / / / /   / / / /
and leaves us breathless in awe and wonder
Em / / / /   D / / / /   C / / / /
The King of Glory, the King above all kings

Chorus
Intro(1x)

Verse 2:

G / / / /   / / / /
Who brings our chaos back into order
C / / / /   / / / /
Who makes the orphan a son and daughter
Em / / / /   D / / / /
The King of Glory, the King of glory
G / / / /   / / / /
Who rules the nations with truth and justice
C / / / /   / / / /
Shines like the sun in all of its brilliance
Em / / / /   D / / / /   C / / / / / / / /
The King of Glory, the King above all kings

Bridge:

G / / / /   / / / /
Worthy is the Lamb who was slain
C / / / /   / / / /
Worthy is the King who conquered the grave
Em / / / /   / / / /
Worthy is the Lamb who was slain
C / / / /   / / / /
Worthy is the King who conquered the grave

Chorus:
            G / / / /
This is amazing grace
/ / / /   C / / / /
This is unfailing love
/ / / /   Em / / / /
That You would take my place
/ / / /   D / / / /
That You would bear my cross
/ / / /   G / / / /
You laid down Your life
/ / / /   C / / / / / / / /
That I would be set free
Em / / / /
Jesus, I sing for
D / / / /   G / / / /
All that You've done for me

©2012 warner/chappell music
written by: Jeremey Riddle
CCLI Song No: 6333821 Used by
Permission Play and Sing Chart by
WorshiptheKing.com Copyright 2020

TREMBLE

I   V   Ch   V   Ch   BR   CHx2   BR   CH   CH(drop)

Intro   Em / / / /   C / / / /   G / / / /   D / / / /

Verse 1:
Em / / / /   C / / / /   G / / / /
Peace, bring it all to peace the storms surrounding me
         D / / / /   Em / / / /   C / / / /
let it break,   at your name   still, call the sea to still
              G / / / /   D / / / /
the rage in me to still every wave   at your name

Chorus:
 C / / / /   Em / /   D / /
Jesus, Jesus, you make the darkness tremble
C / / / /   Em / /   D / /
Jesus, Jesus, you silence fear
C / / / /   Em / /   D / /
Jesus, Jesus, you make the darkness tremble
C / / / /   Em / / D / /
Jesus, Jesus

Verse 2:
Em / / / /   C / / / /   G / / / /
Breath, call these bones to leave call these lungs to sing
         D / / / /
once again,   I will praise

Bridge:
 C / / / /   G / /   D / /
Your name is a light that the shadows can't deny
     C / / / /   D / /   Em / / /
your name cannot be overcome
       C / / / /   G / /   D / /
your name is alive forever lifted high
       C / / / /   D / /   Em / / /
your name cannot be overcome

©2016 All Essential Music
written by: Andres Figueroa, Hank Bentley, Mariah McManus, Mia Fieldes
CCLI Song No: 7065049 Used by Permission Play and Sing Chart by WorshiptheKing.com
Copyright 2020

WAY MAKER

INTRO C / / / / G / / / /   D / / / /   Em / / / /

    C / / / /   G / / / /   D / / / /   Em / / / /
You are here, moving in our midst I worship You I worship You
    C / / / /   G / / / /   D / / / /   Em / / / /
You are here, working in this place I worship You I worship You

    C / / / /   **G / / / /**
You are Way maker, miracle worker, promise keeper
          D / / / /   **Em / / /**
Light in the darkness, my God that is who You are

    C / / / /   G / / / /   D / / / /   Em / / / /
You are here, turning lives around I worship You I worship You
    C / / / /   G / / / /   D / / / /   Em / / / /
You are here, healing every heart I worship You I worship You

    C / / / /   **G / / / /**
You are Way maker, miracle worker, promise keeper
          D / / / /   **Em / / /**
Light in the darkness, my God that is who You are
         C / / / /   **G / / / /**
That is who You are   That is who You are
         D / / / /   **Em / / /**
That is who You are   That is who You are

C / / / /
    Even when I don't see it, You're working
G / / / /
    Even when I don't feel it, You're working
D / / / /
    You never stop, You never stop working
Em / / /
You never stop, You never stop working

WHAT A BEAUTIFUL NAME

Intro: G //// C //// Em //// D ////

G ////   G ////   C //   Em //   D ////
     You were the Word at the beginning one with God the Lord most high
Em ///   D   G ////   C //   Em //   D ////
     Your hidden glory in creation now revealed in You our Christ

                  G ////   **D ////**
What a beautiful Name it is,   what a beautiful Name it is
              Em //   D //   C ////
The Name of Jesus   Christ   my King
                  G ////   **D ////**
What a beautiful Name it is,   nothing compares to this
              Em //   D //   C ////
What a beautiful Name it is,   the Name   of Jesus

G ////   G ////   C //   Em // D ////
     You didn't want heaven without us so Jesus You brought heaven down
Em ///   D   G ////   C //   Em // D ////
     My sin was great, Your love was greater what could separate us now

Instrumental C //// D //// Em //// Bm //// X2

              C ////   D ////
(BR 1) Death could not hold You, the veil tore before You
             Em ////   Bm ////
You silenced the boast   of sin and grave
             C ////   D ////
The heavens are roaring, the praise of Your glory
           Em ////   Bm ////
For You are raised to life again
             C ////   D ////   Em ////   Bm////
(BR 2) You have no rival, You have no equal now and forever God you reign
             C ////   D ////   Em ////   D ////
Yours is the Kingdom, Yours is the glory Yours is the Name above all names

                  G ////   **D ////**
What a powerful Name it is, What a powerful Name it is
              Em // D //   C ////
The name of Jesus Christ my King
                  G ////   **D ////**
What a powerful Name it is, nothing can stand against
                  Em //   D //   C ////
What a powerful Name it is, The Name of Jesus

WHO YOU SAY I AM

Count this song in 6

verse 1
G /// ///   G /// ///   Em/// D///   C /// ///
   Who am I that the highest King would wel - come me
G /// ///   G /// ///   Em///   D///   C /// ///
   I was lost but He brought me in oh His love   for   me
      Em///   D///   C /// ///
Oh His love   for   me

Chorus 1
      G /// /// G /// ///   D /// /// D /// ///   Em/// D///   C /// ///   G /// /// /// ///
Who the Son sets free oh is free in - deed I'm a child of   God Yes I am

verse 2
G /// ///   G /// ///   Em///   D///   C /// ///
   Free at last He has ransomed me   Oh His grace   runs   deep
G /// ///   G /// ///   Em/// D///   C /// ///
While I was a slave to sin Jesus died   for   me
      Em///   D///   C /// ///
Yes He died   for   me

CHORUS 2
      G /// /// G /// ///   D /// /// D /// ///   Em/// D/// C /// ///   G /// /// /// ///
Who the Son sets free oh is free in - deed I'm a child of God Yes I am
      G /// /// G /// ///   D /// /// D /// ///   Em/// D/// C /// ///   G /// /// /// ///
In my Father's house there's a place for me I'm a child of   God   Yes I am

Bridge (2x)
    Em /// ///   D /// ///
I am chosen not forsaken
  G /// ////   C /// ///
I am who You say I am
      Em /// ///   D /// ///
You are for me not against me
  G /// ////   C /// ///
I am who You say I am

Tag
  Em///   D/// C /// ///
I am who You say I am

CCLI Song # 7102401 Ben Fielding | Reuben Morgan © 2017 Hillsong Music Publishing Australia (Admin. by Capitol CMG Publishing) Used by Permission Play and Sing Chart by WorshiptheKing.com Copyright 2020

ALL BECAUSE OF YOU

Original Key A (Capo 2)

```
G ////       C ////
I stepped out of my grave
Em ////           D ////
I'll never see the world the quite the same
G ////        C ////      Em ////        D ////
The darkness turns to day The coldness fades away
            G //// C ////       Em ////     D ////
Cause I have felt your mercy I have seen your grace
      G ////          C ////        Em ////      D ////
I have called on the savior and I'll never be the same
```

```
        G ////          G ////
Now I'm free and I'm singing praise
     Em ////                       C ////   D/F# ////      G //// ////
New life has come all this joy inside it's all because of you
        G ////        G ////
Now I'm free and I'm singing praise
     Em ////                             C ////   D/F# ////  G //// ////
New life has come You've opened up my eyes It's all because of you
```

```
G ////     C ////        Em ////          D ////        G ////
I shake my head and smile I never thought this God thing was my style
            C ////        Em ////         D ////
Wonder what my friends will say, Doesn't matter anyway
        G ////  C ////      Em //// D ////
Cause I have felt your mercy I have seen your grace
      G ////          C /////      Em ////   D ///
I have called on the savior and I'll never be the same
```

```
 ////    ////   ////         ////
Em      D/F#   C           G
Oh Oh Oh…. Salvation day.  Everything's changed
 ////     ////        ////
Em       D/F#        C
I'm finally where I need to be….
```

Yes! This is a new song that was written and released by WorshiptheKing.com
Learn more about the WTK worship songs at www.worshiptheking.com/ericmichaelroberts

You can learn this song at www.worshiptheking.com/playandsing

Words and Music by Eric Roberts and Emily Roberts

YOU ARE GOOD

Words and Music by Eric Roberts, Tyler Yosic, Emily Roberts

```
        G/B / / C / /  G/B / /   Em / /
Hear My Prayer, Lord
        G/B / / C / /   Dsus / /  D  / /
For my life depends on You
        G/B    C    G/B    Em
Reach Down, Lord
   G/B    C       Dsus   D
I Long to Be Renewed
        G/B    C    G/B    Em
You Alone, God
        G/B        C        Dsus   D
Can forgive and heal my heart
        G/B    C    G/B    Em
You Restore Me
   G/B    C         Dsus   D
I Rejoice in who You are
```

```
        G / / / /          D/F# / / / /
You are good,  You are good
        Em / / / /       D / / / /
And you pour out your unfailing love
   C / / / /          G/B / / / /
From generation to generation
        C / / / /          Dsus / /       D / /
And your faithfulness God, shall never end
```

```
Em / /   D/F# / /   G / / / /
   I'll tell the world your wonders
Em / /   D/F# / /   G / / / /
   I'll spread your fame
Em / /  D/F# / /  G / / G/B / /   C / / / /
   My rescued life a hymn of praise….
```

© 2009 Tyler Yosic, Emily Roberts, Eric Roberts, BMI Psalm 86, Psalm 51
Published and administered by WorshiptheKing.com - BMI
CCLI # 5541580

I SAW NEW

Words and Music By Eric Roberts

```
G/B //               C //    Em //          D //    (continue pattern)
    The cross was such foolishness to these blinded eyes
G/B  C        Em            D
I was wrapped up in selfish pride
G   C       Em   D   G     C        Em         D
I was searching for something  to fill a yearning deep inside of me
G // Em //         D ////  G // Em //                D ////
You caught me by surprise       with the cross, your love, your sacrifice
G // Em //         D ////  G //     Em //      D //
Though I was filled with strife.    I bowed my knee a simple prayer,
               D //
You changed my life
```

```
G //  D //   G/B //  C //       G //          D //   C ////
I saw new,        I saw all things new. The trees the water the sky.
G //       D //   G/B //  C //    G //  D //       Em ////
Because of you       its all because of you,   you opened up my eyes
C //  D //          G ////
Jesus       you saved my life
```

```
G/B //   C //       Em //          D //   (continue pattern)
The cross is truth, and hope and brings new life
G/B        C        Em            D
    It heals the heart, takes the pain and opens the eyes
G        C     Em   D    G      C        Em    D
It ends the searching for something   It fills the yearning inside of me
G // Em //         D ////  G // Em //                D /////
You caught me by surprise       with the cross, your love, your sacrifice
G // Em //         D ////  G //     Em //      D //
Though I was filled with strife.    I bowed my knee a simple prayer,
               D //
You changed my life
```

ONE AND ONLY

V
```
G //// //// D //// ////
```
One and Only, Great and Holy God
```
 Em ////      C //// G //// ////
```
Friend of Sinners,   like me
```
G //// //// D //// ////
```
One and Only, Faithful loving Lord
```
Em ////      C //// G //// ////
```
Giver of everything I   need

Ch
```
   C ////      D //// G //// ////
```
Sing praise to the One and Only
```
   C ////    D ////    G //// ////
```
Give love to the Lord, give glory
```
   C ////      D ////   Em ////      C ////
```
Let all who love Your saving way say along with me
```
C //// D ////    G ////
```
You are my, One and only

Br
```
   Em ////        D ////     G //// ////
```
You're the Awesome Creator, Maker of Earth, My King
```
Em ////      D ////   G //// ////
```
High and Eternal, Savior of my soul….

Yes! This is a new song that was written and released by WorshiptheKing.com
Learn more about the WTK worship songs at www.worshiptheking.com/ericmichaelroberts

You can learn this song at www.worshiptheking.com/playandsing

Words and Music by Eric Roberts and Emily Roberts
© 2011 Eric Roberts, BMI. Published and administered by WorshiptheKing.com
CCLI # 6002592\

SING IT OUT

Em //// //// //// ////   C //// //// //// ////
All the earth will know of your glory when we cry out as one
          Em //// //// //// ////   C //// //// //// ////
All the earth will bow down before you when we shine out your love
          C //// //// //// ////
When we shine out your love

G //// ////   C //// ////
Sing it out! Sing it out! Everybody say it loud!
          Em //// ////   C //// ////
Shake this place with the name that saved your life   JESUS!
G //// ////   C //// ////
Sing it out! Sing it out! Send your thanks up with the sound
          Em //// ////   C //// ////
Let the whole world know that you belong to Christ
                    Em
We belong to Christ!

          Em //// //// //// ////   C //// //// //// ////
God with us, Your light in this world is the truth, the life, the way
          Em //// //// //// ////   C //// //// //// ////
God in us, You're drawing us closer as we lift up Your name
     C //// //// //// ////
As we lift up Your name

BRIDGE
C //// ////   D //// ////   Em //// //// //// ////
Hallelujah!   We lift You higher!
C //// ////   D //// ////   Em //// //// //// ////
Hallelujah!   We lift You higher!

Words and Music by Zach Brose, Emily Roberts and Eric Roberts
© 2011 Eric Roberts, Zach Brose and Emily Roberts, BMI.

THE NAME THAT SAVES

Em //   D/F# //   Em //   D/F# //   G //// ////
I have been the wonderer. I have been the one who needs the cross
Em //   D/F# // Em //   D/F# //   G //// ////
I have been the seeker, I have been the one completely lost
Em //   D/F# // C //   G/B //   Em //
    But You rescue   souls that's what you   do
    D/F# // G ////   ////
  You rescue souls, oh my soul.

C ////   Dsus // D //
I rejoice in the Name that saves
**   C ////   D ////**
I can rest in the Name that saves
**   C ////   Dsus // D //   G**
I have hope in the name that saves,   Jesus

Em //   D/F# //   Em //   D/F# //   G //// ////
You have been the Patient One Waiting on an honest, humble heart
Em //   D/F# //   Em //   D/F# //   G //// ////
You have been the Gracious One welcoming me in with open arms
Em //   D/F# // C //   G/B //   Em //
   Cause You rescue souls that's what you do
   D/F# //   G ////   ////
You rescue souls, oh my soul.

C ////   D ////   Em ////   Em ////
I cannot forget the grace that washed away my sin and shame
C ////   Dsus // D //   Em //   G //   C //   Dsus //// D
I cannot look past this love, You brought me in you call me son

Words and Music by Eric Roberts and Emily Roberts
© 2011 Eric Roberts, BMI. Published and administered by WorshiptheKing.com

AT YOUR FEET

Eureka Park Worship
www.worshiptheking.com/eurekapark

Bm   A(sus4)   D/F#

Intro Riff D / /   D/F# / /   D/F# / /   G / /

VERSE 1
D / / / /   G / /   D / /
I wandered away from the place of peace
 G / /   D / /   G / /   D/F#
At your Feet Lord, at your feet
D / / / /   G / /   D / /
The only place where I feel complete
G / /   D / /   G / /   D / /
At your feet Lord, at your feet

CHORUS
          G / / / / /   D / / / /
Nowhere else I need to be
        G / / / /   D / / / /
No one else I need to see
Em / / / /   D/F# / / / /   G / / / /
Keep me strong, I can be so weak

VERSE 2
D / / / /   G / /   D / /
I've been drawn away from the grace I need
G / /   D / /   G / /   D/F#
At your feet Lord, at your feet
D / / / /   G / /   D / /
Troubles fade when I find my knees
G / /   D / /   G / /   D / /
At your feet Lord, at your feet

BRIDGE
Bm / / / /   Asus4 / / / /
Call me back to you. You're my breathing room
G / / / /   G / / / /
Keep me close to you, heal what I have bruised
Bm / / / /   Asus4 / / / /
Call me back to you. You're my breathing room
G / / / /   G / / / /   G / / / /
Keep me close to you, heal what I have bruised…. need to be with you

Or get the direct link to all of the WTK songs
by Eric Michael Roberts here:
www.worshiptheking.com/ericmichaelroberts

Songbooks from WTK

All with easy chords and rhythm slashes!

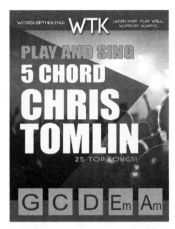

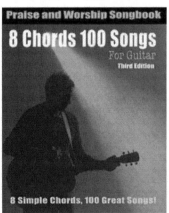

Available from major online book sellers or direct from WTK

WorshiptheKing.com

Learn Fast. Play Well. Worship Always.